ZOOM 동물백과
고양잇과 동물

마르크 지로 글 ★ 플로랑스 델러리 그림 ★ 이충호 옮김

바람이

차례

크고 작은 고양잇과 동물 :
이들은 모두 같은 동물일까요? 4
호랑이 6
사자 8
눈표범 10
표범 12
퓨마 14
재규어 16

카라칼	18	**오실롯**	32
마눌	20	**유럽들고양이**	34
스라소니	22	**길고양이**	36
치타	24	**아메리칸 컬**	38
서벌	26	**샴고양이**	40
구름표범	28	**스핑크스**	42
재규어런디	30	**샤르트뢰**	44

크고 작은 고양잇과 동물 : 이들은 모두 같은 동물일까요?

땅 위에서 살거나 눈 속에서 살거나, 크고 작은 고양잇과 동물들은 모두 서로 비슷해 보여요.
서로 아주 비슷해 보이기는 하지만, 이들은 같은 동물일까요?

고양잇과 동물은 어떤 동물일까요?

고양잇과 동물은 **고양이와 같은 과**(科, 생물 분류 단위의 하나)에 속하는 동물들을 말해요.

몸이 유연하고 민첩한 데다가 발톱과 수염과 송곳니가 있는 고양잇과 동물은 먹이를 사냥하기에 적합한 몸을 갖고 있어요. 모두 **포식 동물**(사냥 동물)인 이들은 생김새도 비슷하고 행동도 비슷해요. 사냥에 나선 고양이는 생쥐를 향해 살금살금 다가가다가 들키지 않으려고 가끔 동작을 멈추는데, 이것은 **암사자들이 가젤을 공격할 때 다가가는 행동과 똑같아요**. 그리고 고양잇과 동물은 대부분 **야행성**이어서 밤중에 우리보다 앞을 훨씬 잘 볼 수 있어요.

쉴 때에는 발톱을 안으로 접어 넣고 있다가 필요할 때 밖으로 꺼낼 수 있어요. 그래서 고양잇과 동물이 땅에 남긴 발자국을 쉽게 알아볼 수 있어요. 발자국에 발톱 자국이 없이 오로지 **발바닥 윤곽만 남아 있거든요.**

고양잇과 동물들은 서로 비슷한 점이 많지만, 일부 종은 나머지 고양잇과 동물과는 살아가는 방식이 아주 달라요. **물고기처럼** 헤엄을 친다든가, **원숭이처럼** 나무를 잘 기어오른다든가, **산양처럼** 바위 사이를 폴짝폴짝 뛰어다니는 종도 있어요.

용어 설명

이 책에는 어려운 단어가 몇 개 나와요. 우선 다음 세 단어의 뜻을 알아볼까요?

포식 동물 : 다른 동물을 사냥해서 잡아먹는 동물을 말해요. 사냥 동물이라고도 하지요.

먹잇감 : 포식 동물에게 잡아먹히는 동물을 '먹잇감'이라고 해요.

어깨높이 : 네 발로 섰을 때, 바닥에서 어깨까지의 높이를 말해요. 어깨는 머리를 제외하고 동물의 몸에서 가장 높은 부위예요. 네 발로 기어 다니는 동물은 키를 대개 어깨높이로 나타내지요.

크기를 나타낸 동물의 그림 옆에 실루엣으로 표시한 사람의 키는 180센티미터예요.

특이한 고양잇과 동물

고양잇과 동물 중에는 **특이한 종들**도 있어요. 호랑이와 재규어와 납작머리삵은 다른 고양잇과 동물과 달리 헤엄치기를 좋아해요. 사자는 고양잇과 동물 중에서 유일하게 **무리를 지어 사는 종**이에요. 또, 백호나 흑표범, 검은 재규어처럼 **특이한 몸 색깔**로 같은 종의 다른 동물과 구별되는 동물도 있어요.

납작머리삵은 물속으로 잠수해서 물고기를 잡아요. 물에서 살아가는 삶에 잘 적응한 납작머리삵은 발에 물갈퀴가 달려 있어요.

마게이는 곡예의 왕이에요. 다리 하나만으로 나뭇가지에 매달릴 수 있어요.

검은 재규어
표범과 마찬가지로 재규어도 가끔 털색이 검은색이거나 점박이 무늬를 가진 개체가 태어나요. 함께 태어난 새끼들 중에도 털색이 검은색이거나 점박이 무늬가 있는 새끼가 가끔 섞여 있어요. 이것은 종의 차이 때문이 아니라, 사람의 눈 색깔이 다양한 것처럼 같은 종 내에서 나타나는 단순한 털색의 차이랍니다.

백호는 호랑이와 같은 종이에요. 이러한 색의 변이는 유전적 돌연변이 때문에 나타났는데, 이런 돌연변이는 아주 드물게 일어나요. 백호는 아주 희귀하기 때문에, 이 특이한 형질을 보존하려면 백호끼리 교배시켜야 해요.

오늘날 전 세계에 살고 있는 고양잇과 동물 37종 가운데 가장 큰 종은 바로 호랑이예요.

평균 몸무게는 200~250킬로그램이지만, 아주 큰 호랑이는 320킬로그램이 넘어요. 세계 신기록은 시베리아에 살던 호랑이가 세웠답니다. 몸무게가 무려 384킬로그램이나 나갔어요! 조랑말 두 마리와 맞먹는 무게이지요. 호랑이의 포효 소리는 3킬로미터 밖에까지 들려요.

호랑이는 뒷다리가 앞다리보다 훨씬 **더 길어요**. 이 특징 덕분에 호랑이는 **아주 멀리 점프**할 수 있지요. 도움닫기 없이 4미터를 훌쩍 뛸 수 있어요!

어깨높이 : 80~110센티미터

몸길이 : 146~300센티미터
(꼬리 : 72~109센티미터)

몸무게 : 200~250킬로그램

사는 곳 : 아시아, 시베리아

호랑이는 고양잇과 동물 중에서는 드물게 물을 좋아하고 헤엄을 아주 잘 쳐요. 심지어 29킬로미터나 되는 바다를 건넌 호랑이도 있답니다! 호랑이는 먹잇감을 찾기 위해 오랫동안 돌아다녀요. 주로 사냥하는 먹잇감은 사슴이나 멧돼지예요. 사람을 잡아먹는 호랑이도 있지만, 그런 호랑이는 대개 늙거나 병이 들어서 허약해진 호랑이예요. 사냥하기에 쉬운 먹잇감을 고르다 보니 사람을 공격하는 것이지요.

오늘날 살아 있는 전 세계의 호랑이는 모두 같은 종이에요. 그런데 많은 곳(터키, 몽골, 발리섬, 자바섬)에서 호랑이가 사라져가고 있어요. 사실, 지금은 야생에서 살고 있는 시베리아호랑이보다 사육되는 시베리아호랑이가 더 많아요.

백호는 전설적인 동물이 아니에요. 백호는 색소를 만들지 못하는 유전적 돌연변이 때문에 태어납니다. 전 세계 각지의 동물원에 있는 백호는 모두 한 수컷의 후손으로, 그 수컷은 1951년에 인도에서 붙잡힌 모한이라는 이름의 호랑이예요. 동물원에서 백호를 번식시키려면, 백호끼리 교배시켜야 합니다. 하지만 근친 교배를 계속 반복하면, 그 결과로 태어난 후손은 유전적 문제가 나타나 건강이 좋지 않아요.

호랑이

선사 시대에는 유럽에도 사자가 살았고, 고대에는 그리스에도 사자가 살았지요. 그러나 지금 사자는 아프리카에서만 볼 수 있으며, 그 외에는 인도의 기르 보호 구역에서 작은 무리가 살고 있어요.

다 자란 수컷은 위풍당당한 갈기가 있어 암컷과 구별돼요. 사냥은 암사자들만 해요. 암사자들은 서로 힘을 합쳐 물소 같은 큰 먹잇감을 공격해요.

다른 포식 동물과 마찬가지로 사자도 살 곳이 점점 줄어드는 바람에 사라져 가고 있어요. 게다가 목축업자들도 가축을 해친다는 이유로 사자를 죽여요. 또, '트로피 사냥(사냥을 오락처럼 즐기면서 뿔과 가죽 등을 기념으로 박제하는 행위)'에 희생되는

사자

사자도 많아요.
사자는 서로 만나고 번식하고 함께 사냥하려면 아주 넓은 공간이 필요하지만, 지금은 주로 **보호 구역**에서 보호를 받으며 살아가지요.

사자와 같은 큰 고양잇과 동물은 크게 울부짖는 **포효 소리**를 내어요. 가르랑거리는 소리는 숨을 내쉴 때에만 잠깐 내고 작은 고양잇과 동물처럼 계속해서 내지는 않아요. 사자는 **제스처와 몸짓**을 통해서도 의사를 표현해요. 예를 들면, 귀를 낮추는 것은 **위협하는 제스처**예요. 귀 뒤에 있는 검은 점 때문에 이 동작은 눈에 더 잘 띄어요.

고양잇과 동물 중에서 늘 가족과 함께 **무리를 지어 살아가는 종**은 사자뿐이에요. 암사자들끼리는 단결이 잘 되고, 자기 새끼가 아니더라도 같은 무리의 **새끼**에게는 젖을 먹여요!

어깨높이: 100~128센티미터

몸길이: 158~250센티미터
(꼬리: 60~100센티미터)

몸무게: 110~272킬로그램

사는 곳: 아프리카, 인도

어깨높이 : 60~70센티미터

몸길이 : 86~117센티미터
(꼬리 : 78~105센티미터)

몸무게 : 21~55킬로그램

사는 곳 : 중앙아시아

두꺼운 꼬리는 거의 몸길이만큼 긴데, 다람쥐처럼 점프할 때 몸의 균형을 잡는 데 도움이 돼요. 추울 때에는 꼬리를 둥글게 말아 **마치 스카프처럼** 몸을 감싸지요.

눈표범

눈표범은 고소 공포증이 뭔지 몰라요. 눈표범은 세상에서 가장 높은 산맥에서 살지요. 해발 5000미터 이상 되는 곳에서도 목격되었어요. 해발 5000미터는 알프스산맥에서 가장 높은 산인 몽블랑산보다 더 높아요.

눈표범은 점프의 달인이에요. 10미터도 훌쩍 뛸 수 있지요. 또, 큰 발 덕분에 눈 위를 걸어 다녀도 발이 눈에 빠지지 않아요.

눈표범은 야옹거리는 소리를 내지만, 다른 큰 고양잇과 동물처럼 포효 소리는 내지 않아요. 눈표범은 야생 염소나 바랄(히말라야 고산 지대에 사는 야생 영양), 어린 야크, 마멋을 먹고 살며, 가끔은 식물도 먹어요. 야생에서 먹이를 구하기 힘들 때에는 사람이 기르는 양이나 염소를 공격하기도 한답니다.

눈표범은 양치기나 모피 밀매업자의 밀렵에 희생되어 살아남는 데 큰 어려움을 겪고 있어요. 그래서 눈표범을 보호하려는 사람들은 목축업자에게 가축을 잘 보호하면서 눈표범과 함께 살아갈 수 있도록 도와주지요.

사람이 접근하기 힘든 장소에 사는 눈표범은 발견하기가 아주 어려워요. 그래서 연구자들은 눈표범의 서식 지역에 자동카메라를 설치해서 눈표범을 관찰하고 연구해요.

표범의 **얼룩무늬**는 재규어의 얼룩무늬나 호랑이의 줄무늬처럼 아주 훌륭한 **위장 도구**예요. 나무 밑에 서 있는 표범의 얼룩무늬는 **빛과 그림자**가 어우러진 배경에 섞여 그 형체를 분간하기 힘들어요.

표범

영어로 레퍼드(leopard)나 팬서(panther)라는 이름은 모두 같은 동물인 표범을 가리켜요. 레퍼드는 대개 아프리카에 사는 표범을, 팬서는 아시아에 사는 표범을 가리키지요.

자신들이 사는 땅에 인간이 침입하자, 일부 표범은 새로운 환경에 적응해서 살아가기 시작했어요. 즉, 도시의 주변 지역에서 살아가는 방법을 터득했지요. 아프리카 케냐의 나이로비에서는 조사원들이 단 하룻밤 사이에 표범을 네 마리나 목격했어요! 이 표범들은 주로 길 잃은 개를 잡아먹어요. 인도의 한 도시에서는 도로를 돌아다니는 돼지들을 쫓는 표범의 모습이 촬영되기도 했어요.

표범은 자신보다 큰 동물도 공격할 수 있어요. 표범이 어린 기린을 나무 위로 끌어올려 숨기는 모습이 목격된 적도 있는데, 그 기린은 몸무게가 100킬로그램으로 표범보다 20킬로그램이나 더 무거웠어요. 이렇게 먹이를 높은 곳에 올려놓으면, 하이에나나 사자에게 빼앗길 염려가 없어요.

다른 포식 동물과 마찬가지로 표범도 목축업자들에게 사냥을 당해요. 그런데 이렇게 표범을 많이 죽이면, 자연의 균형이 깨져요. 아프리카의 한 지역에서는 표범이 거의 다 사라지자, 표범에게 잡아먹히던 개코원숭이 수가 크게 불어났어요. 이렇게 불어난 개코원숭이들은 농작물에 큰 해를 입혔지요.

어깨높이 : 55~82센티미터

몸길이 : 95~191센티미터
(꼬리 : 51~101센티미터)

몸무게 : 17~90킬로그램

사는 곳 : 아프리카, 중동, 아시아, 러시아

'쿠거'라고도 부르는 퓨마는 아메리카 대륙에 살아요. 눈 덮인 산악 지역이나 사막, 열대 숲 등 다양한 서식지에서 살아가지요.

하지만 다른 고양잇과 동물과 마찬가지로 퓨마도 그 수가 크게 줄어들었어요. 거의 200년 동안 무자비하게 사냥을 당한 끝에 이제 야생 자연에서 거의 사라질 위기에 처했어요.

오늘날 남아 있는 소규모의 퓨마 개체군들은 서로 분리되어 있어요. 이것은 매우 염려스러운 상황이랍니다. 같은 개체군 내에서 근친 교배가 빈번하게 일어나면, 유전적 결함이 있는 후손이 태어날 가능성이 높기 때문이지요.

그래도 최근에 퓨마는 그 수가 조금씩 늘어나고 있어요. 곳곳에 도시가 들어서고 그 수가 늘어나다 보니, 사람이 퓨마와 맞닥뜨리는 일이 잦아졌어요. 또 퓨마가 사람(특히 어린이)을 공격하는 사례도 보고되고 있어요.

주요 먹이는 사슴이지만, 곤충과 물고기도 잡아먹어요. 퓨마는 가르랑거리는 소리를 아주 크게 내는데, 수 킬로미터 밖에서도 들려요! 사자와 마찬가지로 다 자란 퓨마의 털가죽은 균일한 색이지만, 새끼는 얼룩무늬가 있어요.

어깨높이 : 50~80센티미터

몸길이 : 95~168센티미터
(꼬리 : 57~92센티미터)

몸무게 : 22~80킬로그램

사는 곳 : 아메리카

퓨마

모든 고양잇과 동물 중에서 비율로 따질 때 앞다리에 비해 **뒷다리가 가장 긴 종이 퓨마예요.** 그래서 퓨마는 **캥거루처럼 점프를 아주 잘해요.** 도움닫기 없이 높이뛰기는 7미터, 멀리뛰기는 12미터나 할 수 있어요!

재규어는 작은 표범과 비슷하게 생겼지만, 표범과 달리 아메리카 대륙에 살아요.

재규어는 사막에 가까운 사바나에서도 살 수 있지만, 주로 열대 우림에서 살아요. 강한 근육질 몸을 가진 재규어에게 나무를 오르내리는 것은 식은 죽 먹기지요.

재규어는 고양잇과 동물 중에서는 드물게 물로 뛰어들어 헤엄치고 물속에서 사냥을 해요. 재규어는 악어와 아나콘다도 사냥할 수 있어요!

페커리(아메리카에 서식하는 멧돼지 비슷한 동물)와 카피바라(세상에서 가장 큰 설치류)도 잡아먹는데, 다른 고양잇과 동물과 마찬가지로 목덜미를 물거나 목을 눌러 질식시켜 죽여요.

아마존에서는 재규어가 돌고래를 사냥하는 모습이 목격되기도 했어요! 보통은 인간을 공격하지 않으나 예외적으로 공격하는 경우도 있는데, 농부들의 조직적인 공격에 대응할 때 그렇게 해요. 농부들은 가축을 보호하기 위해 표범을 사냥해요.

검은 재규어는 꽤 흔해요. 하지만 숲 그늘 속에 몸을 숨긴 검은 재규어는 찾기가 어려워요.

재규어는 턱이 아주 강해서 **거북 등딱지도** 물어서 부술 수 있어요!

재규어

어깨높이 : 68~75센티미터

몸길이 : 116~270센티미터
(꼬리 : 44~80센티미터)

몸무게 : 36~158킬로그램

사는 곳 : 남아메리카, 중앙아메리카

카라칼

어깨높이 : 38~50센티미터

몸길이 : 61~108센티미터
(꼬리 : 18~34센티미터)

몸무게 : 7~26킬로그램

사는 곳 : 아프리카, 중동, 서아시아

카라칼은 뒷다리가 아주 강하고 어깨높이보다 길어 점프를 아주 잘해요.

동작이 매우 민첩한 카라칼은 줄지어 날아가는 새를 한꺼번에 여러 마리 잡을 수도 있는데, 1초 만에 비둘기를 최대 10마리나 붙잡을 수 있어요! 옛날에 인도와, 서아시아에서는 카라칼을 이용해 가젤이나 산토끼, 새를 사냥했어요.

카라칼은 중간 크기의 고양잇과 동물로, 몸무게는 7~26킬로그램이에요. 털가죽은 균일한 색이지만, 배에는 반점이 있어요. 배의 반점은 카라칼이 높이 점프할 때 볼 수 있지요.

남아프리카 공화국과 우간다에서는 온몸이 검은색인 카라칼을 가끔 볼 수 있어요.

카라칼은 대다수 고양잇과 동물과 마찬가지로 사냥을 심하게 당해 멸종 위기에 처해 있어요. 카라칼은 아프리카와 아시아에 살고 있고, 유럽 가까이에 위치한 북아프리카와 튀니지에도 살고 있어요. 카라칼이라는 이름은 '검은 귀'를 뜻하는 터키어에서 유래했어요.

귀 끝에 붓처럼 길게 난 검은색 털 때문에 카라칼은 스라소니와 비슷해 보여요. 이 털은 공기의 미세한 움직임을 잘 듣고 감지할 수 있어요. 일종의 레이더인 셈이지요!

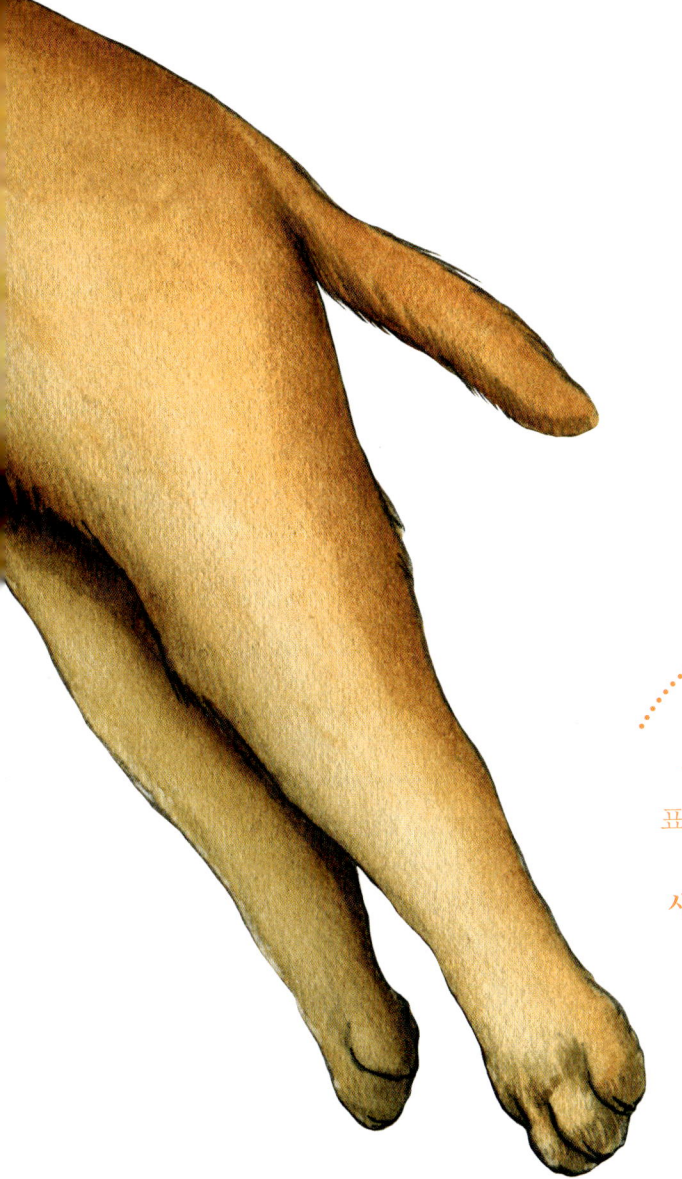

귀는 뒤에서 보면 검은색인데, 이것은 시각적 표지 역할을 하는지도 몰라요. **특히 어미를 따라가는 새끼**들에게는 알아보기 쉬운 표지가 될 수 있어요.

'팔라스고양이'라고도 부르는 마눌은 아주 기묘하게 생긴 고양잇과 동물이에요. 평균 몸무게가 4킬로그램으로 몸 크기는 고양이와 비슷하지만, 털이 아주 무성해서 고양이보다 훨씬 커 보여요. 고양잇과 동물 중에서 털이 가장 빽빽하고 수북하게 나 있지요. 이 때문에 영하 50도의 추위도 견뎌 낼 수 있어요!

마눌은 아시아의 추운 스텝 지역에서 사는데, 해발 4800미터나 되는 고지대에서 발견되기도 해요. 마눌은 일반적으로 돌이 많이 널린 곳에서 사는데, 마눌의 큰 몸도 바위처럼 보여요. 마눌은 주로 피카(토끼와 비슷한 동물로, '우는토끼'라고도 함)와 야생 햄스터를 잡아먹는데, 썩은 고기를 먹기도 해요.

마눌은 사냥할 때 세 가지 방법을 사용해요. 바위 뒤에 숨어서 먹잇감을 기다리는 방법, 바닥 위에 납작 엎드려 기어서 먹잇감에 접근하는 방법, 풀숲을 이리저리 뛰어다니면서 숨어 있는 먹잇감을 뛰쳐나오게 하는 방법이에요.

이 작은 야수는 모습을 잘 드러내지 않아서 잘 알려지지 않았어요. 이 처럼 작은 고양잇과 동물 중에는 그 습성이 잘 알려지지 않은 종들이 일부 있어요. 하지만 마눌이 사는 장소에 설치해 둔 카메라 덕분에 이제 이 동물에 대한 정보를 얻고 있어요. 카메라를 사용하면, 야생 동물을 방해하지 않고 그 행동을 몰래 관찰할 수 있지요.

마눌

머리는 기묘할 정도로 **아주 납작**한데, 이 덕분에 큰 바위 뒤에 숨어서 귀를 밖으로 내밀지 않고도 먹잇감을 감시할 수 있어요.

어깨높이 : 28~30센티미터

몸길이 : 46~57센티미터
(꼬리 : 23~29센티미터)

몸무게 : 2.5~5.3킬로그램

사는 곳 : 중동, 아시아, 몽골

스라소니는 살쾡이와 비슷하게 생긴 고양잇과 동물이에요. 몸 크기는 셰퍼드와 거의 비슷해요. 유럽에 사는 야생 고양잇과 동물 두 종(다른 하나는 유럽들고양이예요) 중에서 더 큰 동물이에요.

스라소니는 모습을 잘 드러내지 않고 활동하기 때문에, 야생에서 스라소니를 본 사람은 드물답니다. 프랑스에서는 오래전에 스라소니가 사라졌어요. 다행히도 스위스에서 건너온 일부 스라소니와 사람들이 야생에 풀어 준 스라소니 덕분에 몇 년 전부터 프랑스에 스라소니가 다시 살기 시작했어요. 하지만 밀렵은 늘 스라소니의 생존을 위협해요. 그 때문에 보주(프랑스의 주)에서는 또다시 스라소니가 거의 사라졌어요.

스라소니는 숲에 유익한 동물이에요. 스라소니의 공격 때문에 사슴 같은 동물은 다른 곳으로 옮겨 가요. 그래서 초식 동물이 한 곳에 오래 머물면서 먹이를 뜯어 먹지 않아 나무와 식물에 해를 덜 끼치지요.

스라소니는 늑대와 비슷한 울음소리를 내요. 그래서 프랑스에서는 '루-세르비에(loup-cervier)'라는 별명으로 불리는데, '사슴을 잡아먹는 늑대'라는 뜻이에요. 뛰어난 시력을 가진 눈을 흔히 '스라소니의 눈'이라고 말하는데, 사실은 잘못된 표현이랍니다. 스라소니의 시력은 다른 고양잇과 동물에 비해 특별히 뛰어나지 않거든요. 그리스 신화의 아르고호 원정대 이야기에 천리안을 가진 린케우스(Lynceus)라는 사람이 나와요. 그런데 시간이 지나면서 '린케우스의 눈'이 '스라소니(lynx)의 눈'으로 바뀌면서 스라소니의 시력이 좋다는 오해를 불러일으킨 것이지요.

스페인에는 이베리아스라소니라는 종이 사는데, 스라소니와는 다른 종이에요. 이베리아스라소니는 서식지가 좁은 지역에 국한되어 있는데, 사냥과 자동차 사고로 그 수가 줄어들어 세상에서 가장 희귀한 고양잇과 동물이 되었어요.

스라소니

스라소니(그리고 카라칼)의 귀 끝에는 검은색 **털**이 붓처럼 길게 자라 있는데, 이를 '**붓털**' 이라고 해요. 붓털은 바람을 느끼는 데 도움을 주고, 또 서로 **의사소통**할 때 시각적 신호로 쓰여요.

어깨높이 : 55~75센티미터

몸길이 : 85~148센티미터
(꼬리 : 12~24센티미터)

몸무게 : 13~29킬로그램

사는 곳 : 유럽, 아시아, 러시아

시속 110킬로미터 이상으로 달리는 치타는 세상에서 가장 빠른 육상 동물이에요. 하지만 이렇게 빨리 달리다 보면 금방 지치고 말아요. 그래서 먹이를 금방 잡지 못하면, 숨을 돌리기 위해 추격을 포기하고 말지요.

사람들은 오래전부터 치타를 애완동물로 길들여 가젤을 사냥하는 데 사용했어요. 옛날에 인도에서는 부자들이 치타를 수백 마리나 길렀어요! 하지만 그동안 치타는 너무 많이 사냥당하거나 포획당해 오늘날 아시아에는 100여 마리만 남아 있어요. 그리고 아시아에 남아 있는 치타는 모두 이란에만 살고 있답니다. 그래서 치타를 보려면 아프리카로 가는 게 나아요.

암컷은 새끼를 사자와 하이에나 같은 포식 동물로부터 보호하느라 힘든 시간을 보내요. 어린 수컷들은 가끔 오랫동안 함께 지내면서 무리를 지어 사냥을 해요. 치타는 사람을 공격하지 않고 사람을 두려워해요. 하지만 보호 구역에서 살아가는 치타는 사진을 찍고 촬영을 해도 도망가지 않아요.

남아프리카의 숲 지역에는 '왕치타'라는 아종이 살고 있어요. 왕치타는 반점들이 합쳐져 검은색 줄무늬를 이루고 있어요. 이 줄무늬는 위장을 하는 데 큰 도움이 되지요. 반면에 사막 지역에 사는 치타는 반점이 거의 없어 모래 위에 서 있으면 눈에 잘 띄지 않아요. 오늘날 사막 지역의 치타는 그 수가 크게 줄어들었답니다.

어깨높이 : 67~89센티미터

몸길이 : 105~152센티미터
(꼬리 : 60~89센티미터)

몸무게 : 21~64킬로그램

사는 곳 : 아프리카, 이란

치타가 아주
빠르게 달릴 수 있는 비밀은
유연한 척추에 있어요. 달리는
동안 척추가 용수철처럼
접혔다가 펴져요.

서벌

서벌의 큰 귀는 **안테나처럼 포물면 모양**을 하고 있어요. 그 덕분에 **소리를 증폭**시킬 수 있어 **멀리** 풀숲에 숨어 있는 설치류의 소리도 잘 들을 수 있어요.

어깨높이 : 54~66센티미터

몸길이 : 63~92센티미터
(꼬리 : 20~38센티미터)

몸무게 : 6~18킬로그램

사는 곳 : 아프리카

서벌은 신체와 비교한 다리 길이 비율이 고양잇과 동물 중에서 가장 커요. 그 덕분에 아프리카 사바나의 키 큰 풀 사이를 손쉽게 돌아다닐 수 있어요.

또 긴 목과 큰 귀 덕분에 먼 풀숲에 숨어 있는 먹잇감을 쉽게 발견할 수 있어요.

서벌도 카라칼처럼 점프를 아주 잘해요. 이 두 종은 몸을 수직으로 세워 지면에서 2미터 높이까지 점프해서 새를 붙잡을 수 있어요. 서벌은 땅 위에서 작은 동물도 사냥해요.

서벌은 치타에 이어 세상에서 두 번째로 빠른 육상 동물이에요. 최대 시속 80킬로미터로 달릴 수 있어요! 평균 크기의 서벌은 몸무게가 6~18킬로그램이에요.

서벌은 대개 몸에 점박이 무늬가 있지만, 몸 전체가 검은색인 서벌도 가끔 있어요. 검은 서벌은 흑표범과 검은 재규어처럼 털색에 생긴 유전적 변이 때문에 나타납니다. 거의 눈에 띄지 않을 정도로 작은 적갈색 반점이 있는 서벌도 가끔 있어요.

다른 고양잇과 동물과 마찬가지로 서벌도 오줌으로 자신의 세력권을 표시해요. 번식기에 암컷은 사랑의 메시지를 냄새로 퍼뜨리기 위해 한 시간에 무려 30번이나 오줌을 누어요! 수컷들은 그 냄새로 암컷이 짝짓기할 준비가 되었다는 사실을 알지요.

구름표범

구름표범은 아시아의 숲에서 살아요.

구름표범은 나무 위에 나뭇가지로 둥지를 만들고 거기서 잠을 자요. 이 둥지는 아마도 새끼를 기르는 용도로도 쓰일 거예요.

이 사나운 야행성 동물에 대해서는 알려진 것이 별로 없어요. 구름표범은 아마존의 마게이와 아시아의 숲에 사는 마블고양이와 함께 나무 위에서 뛰어난 곡예 솜씨를 보여 주는 동물이에요. 이들은 다른 고양잇과 동물보다 훨씬 유연한 발목 덕분에 나무줄기를 따라 머리를 아래로 한 채 곧장 뛰어내릴 수 있고, 마치 손이 4개 달린 것처럼 네 발로 나뭇가지를 붙잡고 거꾸로 매달린 채 이동할 수 있어요.

구름표범은 원숭이나 다람쥐, 새를 잡을 수 있을 정도로 아주 민첩해요. 하지만 자신보다 큰 표범이나 호랑이에게는 먹잇감이 되는 것으로 보여요. 왜냐하면, 이 두 맹수가 사는 곳에서는 구름표범의 수가 적기 때문이지요. 다른 고양잇과 동물과 마찬가지로 구름표범도 아름다운 모피 때문에 사냥당하거나 밀렵당합니다.

보르네오섬과 수마트라섬에 사는 구름표범은 진짜 구름표범과 다른 종이라는 것이 얼마 전에 확인되었어요. 이 종에는 '보르네오구름표범'이라는 이름이 붙여졌어요. 보르네오구름표범은 얼룩무늬가 구름표범보다 더 짙어요.

어깨높이 : 50~60센티미터

몸길이 : 68~108센티미터
(꼬리 : 60~92센티미터)

몸무게 : 10~25킬로그램

사는 곳 : 인도차이나
(보르네오구름표범은 보르네오섬과 수마트라섬)

구름표범의 얼룩무늬는 **구름처럼 흐릿하게 보여요.** 그래서 구름표범이라는 이름이 붙여졌지요. 이 어두운 색의 무늬 때문에 숲 그늘 속에 있으면 **눈에 잘 띄지 않아요.**

재규어런디는 고양잇과 동물 중에서 가장 작은 동물이에요. 그 생김새는 수달과 아주 비슷해요!

재규어런디는 키가 고양이와 비슷하지만 몸길이가 더 길어요(몸무게는 4~8킬로그램). 주로 설치류와 작은 동물을 잡아먹고 살지요. 낮에 활동하면서 먹잇감을 사냥하고, 숲이나 식물 속에 몸을 감출 수 있는 장소에서 살아요.

옛날에 남아메리카 원주민은 재규어런디를 이용해서 설치류를 사냥했어요. 재규어런디는 길들이기가 쉽고, 쓰다듬어 주는 것을 좋아하고, 가르랑거리는 소리를 크게 내요. 미국 플로리다주에서는 애완동물로 기르던 재규어런디를 야생 자연으로 다시 돌려보냈는데, 재규어런디는 새로 맞이한 야생 환경에 잘 적응해 살아가고 있어요.

재규어런디는 다른 고양잇과 동물보다는 덜 위험한 상태에 있어요. 하지만 닭을 훔치는 습성 때문에 농부들에게 사냥당해요. 재규어런디는 동작이 민첩하고 구석진 곳에 몸을 쉽게 숨길 수 있지요. 암수 한 쌍이 짝을 지어 함께 살아가기도 하는데, 이것은 고양잇과 동물 사이에서는 보기 드문 습성이에요.

재규어런디는 태어날 때 몸에 반점이 있지만, 다 자란 재규어런디는 아메리카의 작은 고양잇과 동물 중에서는 유일하게 몸에 반점이 없어요. 털색은 크게 어두운 색 계통과 빨간색 계통의 두 가지가 있는데, 두려움을 느껴 털을 곤두세울 때에는 털색이 변해요!

작고 동그란 귀를 가진 재규어런디의 머리는 **고양잇과 동물에 어울리지 않아요.** 멀리서 보면 재규어런디는 전혀 고양잇과 동물처럼 보이지 않아요.

재규어런디

어깨높이 : 30~40센티미터

몸길이 : 53~83센티미터
(꼬리 : 27~59센티미터)

몸무게 : 4~8킬로그램

사는 곳 : 남아메리카, 중앙아메리카, 미국 남부

오실롯

얼룩무늬가 있는 다른 고양잇과 동물과 마찬가지로 오실롯도 **모피 때문에 많이 사냥당하고 있어요.** 오실롯이란 이름은 '눈 모양 반점을 가진'이라는 뜻의 라틴어 오켈라투스(*ocellatus*)에서 유래했어요.

대다수 고양잇과 동물처럼 오실롯도 야행성이고 홀로 살아요. 낮 동안에는 나무 위에서 쉬어요.

오실롯은 고양잇과 동물 중에서는 유일하게 개와 같은 자세로 잠을 자요. 즉, 뻗은 다리 위에 머리를 올려놓고 자지요. 오실롯은 몸집이 재규어보다는 작고 재규어런디보다는 큰데, 몸무게는 10킬로그램 정도 나가요. 지금은 주로 중앙아메리카와 남아메리카에 살고 있어요. 미국 루이지애나주와 아칸소주에서는 사라졌지만, 텍사스주 남부에 일부가 남아 있어요.

프랑스 영토 중에서는 프랑스령 기아나(남아메리카에 있는 프랑스의 해외 영토)에 오실롯이 살고 있어요. 많은 고양잇과 동물과 마찬가지로 오실롯도 먹잇감과 살 곳을 앗아 가는 삼림 파괴 때문에 멸종 위기에 처했어요. 오실롯은 주로 숲에서 살지만, 몸을 숨길 수 있는 식물만 무성하다면, 사바나나 습지에서도 충분히 살아갈 수 있어요.

오실롯은 많은 동물을 사냥해요. 주로 땅 위에서 사냥을 하지만, 동작이 민첩해서 새를 잡기도 해요. 주요 먹이는 설치류와 쥐, 생쥐예요. 물고기와 갑각류도 좋아하지요. 헤엄을 잘 치고, 나무도 아주 잘 탄답니다.

어깨높이 : 50~60센티미터

몸길이 : 69~101센티미터
(꼬리 : 30~45센티미터)

몸무게 : 7~19킬로그램

사는 곳 : 남아메리카, 중앙아메리카, 미국 텍사스주

유럽들고양이는 들고양이의 한 아종으로, 집고양이의 사촌에 해당해요. 아시아와 아프리카에도 다른 들고양이 아종이 살고 있어요. 아프리카들고양이는 우리가 키우는 고양이와 가장 가까운 종이고, 따라서 고양이의 조상일 가능성이 높아요.

중동에서 농업이 발명된 이후 농경지에 많은 설치류가 몰려들었지요. 그러다가 약 1만 년 전에 쥐를 사냥하는 들고양이가 사람과 가까워졌고, 마침내 애완동물로 길들여졌어요. 그 후 이들의 후손이 사람에게 유익하다는 사실이 입증되면서 전 세계로 퍼져 나갔지요.

유럽의 시골 지역에서 볼 수 있는 유럽들고양이는 아프리카에 사는 사촌인 아프리카들고양이와 달라요. 유럽들고양이는 훨씬 사납고 길들이기가 불가능해요. 유럽들고양이가 많이 사는 프랑스 동부 지역에서는 이른 아침에 설치류를 사냥하는 유럽들고양이를 자주 볼 수 있어요.

유럽들고양이를 위협하는 문제가 하나 있어요. 유럽들고양이는 사촌인 집고양이와 짝짓기를 하는 경우가 많아요. 그래서 완전한 야생 개체군의 크기가 점점 줄어들고, 일부 장소에서는 완전히 사라졌어요.

유럽들고양이는 **뚱뚱한 얼룩 고양이처럼** 생겼지만, 꼬리가 훨씬 두꺼워요.

어깨높이 : 30~40센티미터

몸길이 : 50~75센티미터
(꼬리 : 21.5~37.5센티미터)

몸무게 : 2.5~7.7킬로그램

사는 곳 : 아프리카, 유럽, 아시아

렴들고양이

몸무게 : 3~7킬로그램

털 길이 : 짧거나 긺

털색 : 다양함

성질 : 사람에 익숙하지 않으면 사나움

이 동물을 '길고양이'라고 부르는 이유는 길과 지붕 위 등 온갖 장소를 떠돌아다니기 때문이에요. 예전에는 도둑고양이라고도 불렀어요.

고양이는 고양잇과 동물 중에서 유일하게 우리가 쉽게 볼 수 있는 동물이지만, 우리가 늘 고양이를 잘 아는 건 아니에요. 고양이는 생각보다 상냥한 동물이고 주인을 잘 따라요. 또, 어릴 때부터 함께 키우면, 개하고도 잘 지내요.

집고양이는 고양잇과 동물 중에서 유일하게 멸종 위험이 없는 종이에요. 현재 전 세계에 살고 있는 고양이의 수는 약 4억 마리나 된답니다! 시골 지역에 사는 고양이는 생쥐와 도마뱀, 새를 비롯해 작은 동물에게 위협적인 사냥꾼이에요. 평소에 먹을 것이 풍족하더라도, 고양이는 사냥 본능이 남아 있어 움직이는 것은 무엇이든 붙잡으려고 해요. 길고양이는 늘 먹을 것을 찾아 헤매야 해요. 많은 수가 굶어 죽기도 하지요. 길고양이의 수가 불어나는 것을 막으려면, 불임 시술이 필요해요.

사람들은 품종 개량을 통해 고양이 품종을 80가지 이상이나 만들어 냈어요. 그중에서 부자연스러운 특징을 갖게 된 품종은 건강상 문제가 생길 수 있어요. 예를 들어 코가 너무 납작한 고양이는 호흡에 문제가 생길 수 있지요. 잡종 고양이는 일반적으로 훨씬 건강해요.

길고양이는 특정 품종의 고양이가 아니어서 털색이 아주아주 다양해요. **균일한 색, 점무늬, 얼룩무늬 등 온갖 색과 무늬가 있어요!**

길고양이

아

몸무게 : 4~7킬로그램

털 길이 : 중간 길이
(한 변종은 털이 길고,
한 변종은 털이 짧음)

털색 : 다양함

성질 : 상냥함

아메리칸 컬

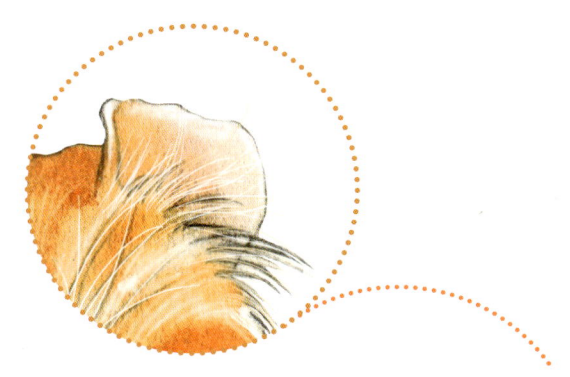

이 품종은 털색에 상관없이 두 귀가 서로를 향해 말려 있어요.

1981년, 미국에서 귀가 기묘한 모양으로 말린 암고양이 슐라미스(Shulamith)가 고양이 애호가들 사이에서 큰 화제가 되었어요.

그리고 이 고양이를 길고양이와 교배시켜서 아메리칸 컬이라는 품종을 만들어 냈지요. 컬(curl)은 곱슬하게 만 머리카락을 말하는데, 이 고양이의 귀가 뒤쪽으로 말린 모양을 가리켜요. 1985년, 전문가들은 아메리칸 컬을 정식 품종으로 인정했고, 인정받기 위해서 충족시켜야 하는 품종 기준도 정했어요. 필수적인 특징은 당연히 '뒤로 말린' 귀예요. 정식 품종으로 인정된 지 얼마 지나지 않아 아메리칸 컬은 프랑스에도 건너왔어요.

아메리칸 컬은 놀이를 아주 좋아하는 고양이예요! 하지만 성격이 조용하고 아파트에서도 잘 살아요. 또, 어리광을 잘 부리고 사람을 잘 따라요. 상냥한 성질 때문에 어린이뿐만 아니라 나이 든 사람에게도 좋은 친구가 되지요. 아메리칸 컬은 건강이 좋은 편이지만, 연약한 귀를 솜으로 자주 닦아 주어야 해요.

샴고양이

샴고양이는 신체 끝부분이 다른 곳보다 **더 짙은 색**을 띠고 있어요. 꼬리, 발, 귀, 주둥이는 **검은색**이에요.

샴은 이전에 태국을 가리키던 이름이었어요. 그러니 이 고양이가 어디 출신인지 짐작하겠지요? 샴고양이의 조상은 태국에서 사원을 지키던 신성한 고양이였어요.

이 품종에 대한 기록은 이미 1350년의 문서에 남아 있지만, 유럽에는 19세기가 되어서야 영국을 통해 처음 들어왔어요.

샴고양이는 금방 큰 사랑을 받았어요. 가느다란 몸매와 파란 눈, 좋은 성격과 충성심 때문에 유럽과 미국에서 큰 인기를 끌었지요. 샴고양이는 매우 매력적이지만 가끔 변덕을 부리기도 해요. 수다스러운 이 고양이는 울음소리를 자주 내기 때문에, 아파트에서 기를 때에는 어려움이 따를 수도 있어요. 샴고양이는 활동성이 높아 운동을 많이 해야 해요. 주인을 소유하려는 욕구가 강하고, 집 안의 다른 동물하고 잘 지내지만, 낯선 사람은 피하려고 해요.

샴고양이는 몸매와 색이 제각각 다른 여러 품종이 있어요. 원래의 샴고양이와 가장 가까운 품종은 '타이'예요.

몸무게 : 2~6킬로그램

털 길이 : 짧음

털색 : 밝은 색이지만 신체 끝부분은 짙은 색

성질 : 겁이 많고, 울음소리를 많이 냄

털 없는 고양이인 스핑크스는 생김새만큼이나 기묘한 역사를 가지고 있어요. 멕시코 지역에 살던 고대 인디언 부족인 아즈텍족도 이미 스핑크스를 알고 있었던 게 분명한데, 그 형상을 조각 작품으로 남겼기 때문이지요. 그러고 나서 스핑크스는 사라졌어요…….

유전의 우연을 통해 미국과 캐나다에서 스핑크스가 다시 나타났어요. 그리고 이들끼리 서로 교배시킴으로써 이 품종을 되살리는 데 성공했지요.

스핑크스는 고양이 털에 알레르기가 있는 사람이 기르기에 딱 좋아요! 하지만 스핑크스는 털이 아예 없는 게 아니고, 짧고 고운 솜털이 있어요. 그래서 복숭아 살처럼 부드러운 그 피부를 쓰다듬으면, 기분이 아주 좋아지지요. 스핑크스의 몸 색깔은 몸에 자라는 털의 색에 따라 결정돼요.

반려묘로 삼기에 좋은 스핑크스는 사람을 잘 따르고 온순해요. 오랫동안 쓰다듬어 주는 것도 좋아하고, 사람이 자신을 돌봐 주길 원해요. 다른 고양이들과 달리 스핑크스는 다른 곳으로 옮겨 가 새로운 삶을 시작하더라도 스트레스를 받지 않아요.

털로 덮이지 않은 채 노출된 피부 때문에 스핑크스는 추위를 잘 타고 뜨거운 햇빛에 화상을 입기 쉬워요. 따라서 시골에서 키우기에 좋은 고양이는 아니지요. 화창한 날에 밖으로 나간다면, 자외선 차단제를 발라 주는 게 좋아요! 그리고 날씨가 추워지면, 몸에서 잃는 열을 보충하기 위해 많이 먹어야 해요.

스핑크스의 살에는 **주름과 잔주름**이 많아요. 새끼는 어른보다 주름이 더 많은데, 그 살은 흘러내리는 **낡은 양말처럼 보여요!**

몸무게 : 3~5킬로그램

털 길이 : 가늘고 짧은 솜털

털색 : 다양함

성질 : 사람을 잘 따름

스핑크스

샤르트뢰

샤르트뢰는 아주 오래된 고양이 품종이에요. 원래 살던 곳은 중동인데, 중세에 십자군과 상인을 통해 프랑스로 들어왔을 거예요.

그 이름은 이 고양이를 들여왔다는 카르투시오회 수도사들에게서 유래했다는(카르투시오라는 이름은 대수도원이 있던 샤르트뢰즈산맥에서 땀) 설도 있고, '샤르트뢰의 털'이라고 불리던 에스파냐산 양털에서 유래했다는 설도 있어요. 1925년에 브르타뉴의 벨일앙메르섬에서 레제르 자매가 그곳에 살던 샤르트뢰 무리를 발견하고 돌보면서 기르기 시작했어요. 오늘날 유럽에서 살고 있는 샤르트뢰는 대부분 레제르 자매가 기르던 고양이에서 유래했어요. 그래서 샤르트뢰는 프랑스 품종으로 간주할 수 있어요.

샤르트뢰가 고양이 품평회에 최초로 등장한 것은 1931년인데, '미뇽 드 게르뵈르(Mignonne de Guerveur, 게르뵈르의 예쁜이)'란 이름의 고양이였지요. 유명한 작가인 콜레트도 드골 장군처럼 샤르트뢰를 여러 마리 길렀어요.(그중 한 마리는 '암고양이'라는 소설을 쓰는 데 영감을 주었지요.)

황금색 눈의 이 아름다운 고양이는 프랑스 사람들이 좋아하는 애완동물 중 하나예요. 몸집이 크고 성격이 차분한 샤르트뢰는 사람을 잘 따르고 어린이뿐만 아니라 다른 고양이와 개하고도 잘 어울려 살지요. 지능이 높고 놀이를 좋아해요. 주의를 끌고 에너지를 분출하게 만드는 장난감이 충분히 있다면, 아파트에서도 잘 살 수 있어요. 건강이 아주 좋은 편이며, 특별한 문제점이 없어요.

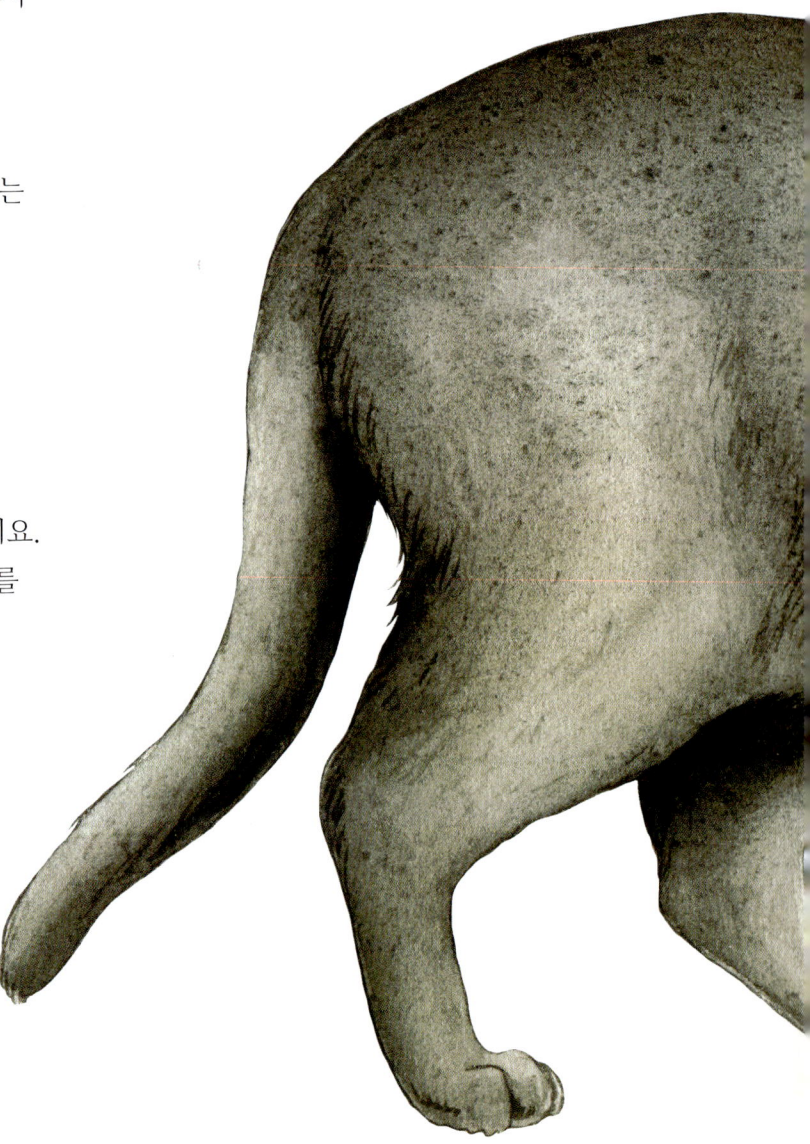

파란색 동물은 **아주 드문데**, 샤르트뢰가 그중 하나예요. 털색은 짙은 파란색은 아니고, **파르스름한 회색**이에요.

몸무게 : 3~7킬로그램

털 길이 : 짧음

털색 : 파르스름한 회색

성질 : 온순하고 사람을 잘 따름

ZOOM 동물백과 시리즈에는 어떤 책이 있나요?

ZOOM 동물백과
거대 바다 동물
엘리자베트 뒤몽-르 코르넥 글 ★ 마티아스 프리망 그림 ★ 이충호 옮김
Art Science

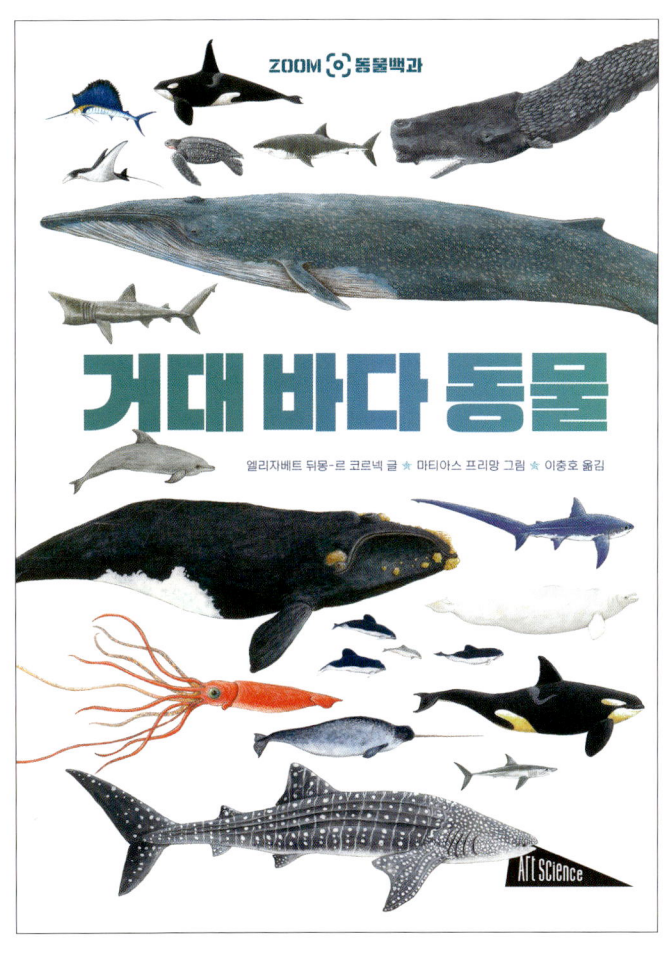

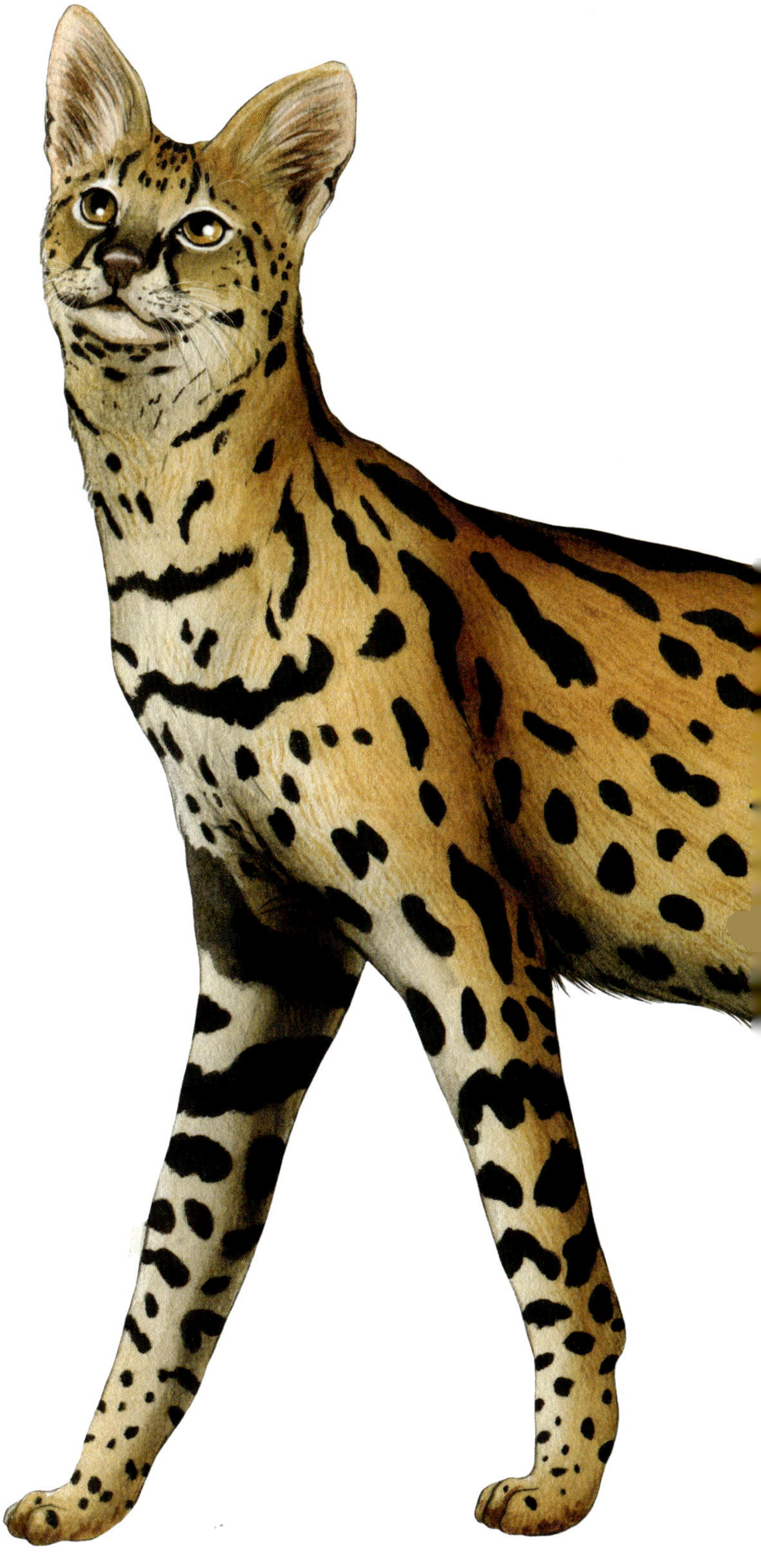

글쓴이 마르크 지로 Marc Giraud

마르크 지로는 현장 박물학자, 텔레비전 진행자, 동물 일러스트레이터, 생태학자, 작가, 동물학 전문 기자, 강연자로 일하고 있어요. 이 다양한 활동은 공통적으로 지향하는 목표가 있는데, 자연과 동물, 그리고 우리 주위에 널려 있는 마법과 일상생활 속의 경이로움을 모두에게 보여주려고 하지요. 오랫동안 어린이 신문 <이부 Hibou>의 편집자로 지낸 지로는 복잡한 과학적 개념을 그림과 간단한 단어로 유머러스하게 옮기는 능력이 있어요. 현재 동물 전문 TV 채널에서 매우 인기 있는 다큐멘터리 시리즈를 진행하고 있어요. 야생동물보호협회 부회장으로 환경 운동가로도 열심히 활동하고 있어요.

그린이 플로랑스 델러리 Florence Dellerie

플로랑스 델러리는 작가이자 과학 전문(동물, 식물, 균류, 고생물, 환경 분야) 일러스트레이터입니다. 환경 관련 단체에서 일하고, 출판 분야에서도 일하는데, 특히 아세트 출판사에서 30여 권의 책에 저자 또는 일러스트레이터로 참여했어요. 그 밖에도 여러 출판사에서 교과서, 책, 잡지에 들어가는 그림을 그렸어요. 델러리는 인권, 여성과 어린이를 대상으로 한 폭력에 대한 특집 기사와 시각 자료를 만드는 일도 하면서 윤리와 사회 정의를 위해 힘쓰고 있어요.

옮긴이 이충호

서울대학교 사범대학 화학과를 졸업하고, 교양 과학과 인문학 분야의 번역가로 활동하고 있습니다. 2001년 《신은 왜 우리 곁을 떠나지 않는가》로 제20회 한국과학기술도서 번역상을 받았습니다. 옮긴 책으로 《이야기 파라독스》, 《진화심리학》, 《사라진 스푼》, 《경영의 모험》, 《통제 불능》, 《뇌과학자들》, 《잠의 사생활》, 《천 개의 태양보다 밝은》, 《놀라운 곤충의 비밀》 등이 있습니다.

ZOOM 동물백과
고양잇과 동물

초판 1쇄 발행 2021년 12월 1일
글쓴이 마르크 지로 | 그린이 플로랑스 델러리 | 옮긴이 이충호
펴낸이 권종택 | 펴낸곳 (주)보림출판사 | 출판등록 제406-2003-049호
주소 10881 경기도 파주시 광인사길 88 (문발동)
전화 031-955-3456 | 팩스 031-955-3500 | 홈페이지 www.borimpress.com
ISBN 978-89-433-1429-3 74470 / 978-89-433-1174-2(세트)

Découvre le monde - **Félins** ⓒ Hachette Livre / Hachette Enfants, 2019
Korean translation copyright ⓒ 2021 Borim press
Korean edition is published by Borim press
with arrangement through Pauline Kim Agency, Seoul, Korea

• 이 책의 한국어판 저작권은 Pauline Kim Agency를 통해 HACHETTE LIVRE사와 독점 계약한 (주)보림출판사에 있습니다.
• 저작권법에 따라 보호를 받는 저작물이므로 무단 전재와 무단 복제를 금합니다.

⚠ 주의 : 책 모서리가 날카로우니 던지거나 떨어뜨리지 마세요.(사용연령 3세 이상)